Héroes del béisbol:
Jugadores que superaron las probabilidades

por Mary Lindeen

Scott Foresman
is an imprint of

Glenview, Illinois • Boston, Massachusetts • Chandler, Arizona
Upper Saddle River, New Jersey

Photographs

Every effort has been made to secure permission and provide appropriate credit for photographic material. The publisher deeply regrets any omission and pledges to correct errors called to its attention in subsequent editions.

Unless otherwise acknowledged, all photographs are the property of Pearson Education, Inc.

Photo locators denoted as follows: Top (T), Center (C), Bottom (B), Left (L), Right (R), Background (Bkgd)

Opener: ©Mark D. Phillips/AFP/Getty Images
1 ©Bettmann/Corbis
3 ©David Madison/Getty Images
4 ©Mark D. Phillips/AFP/Getty Images
5 ©Bettmann/Corbis
6 ©Bettmann/Corbis
7 ©Bettmann/Corbis
8 ©Bettmann/Corbis
9 ©Bettmann/Corbis
10 ©Bettmann/Corbis
11 ©Bettmann/Corbis
12 ©Bettmann/Corbis

ISBN 13: 978-0-328-48511-6
ISBN 10:   0-328-48511-X

Copyright © by Pearson Education, Inc., or its affiliates. All rights reserved. Printed in the United States of America. This publication is protected by copyright, and permission should be obtained from the publisher prior to any prohibited reproduction, storage in a retrieval system, or transmission in any form or by any means, electronic, mechanical, photocopying, recording, or likewise. For information regarding permissions, write to Pearson Curriculum Rights & Permissions, One Lake Street, Upper Saddle River, New Jersey 07458.

Pearson® is a trademark, in the U.S. and/or other countries, of Pearson plc or its affiliates.

Scott Foresman® is a trademark, in the U.S. and/or other countries, of Pearson Education, Inc., or its affiliates.

2 3 4 5 6 7 8 9 10 V010 18 17 16 15 14 13 12 11 10

Hay muchos grandes jugadores de béisbol. Todos hacen que este deporte parezca fácil. Pero algunos de los mejores jugadores tuvieron que superar graves problemas.

James Anthony "Jim" Abbott (nacido en 1967)

Jim Abbott nació sin la mano derecha. Tuvo que aprender a lanzar y atrapar la pelota con su mano izquierda. Con el tiempo, Abbott ganó muchos premios como lanzador.

Roberto Walker Clemente (1934–1972)

Roberto Clemente creció en Puerto Rico. De niño tuvo que trabajar para ayudar a su familia. Se convirtió en un gran beisbolista. Fue el primer jugador latino que ingresó en el Salón de la Fama del Béisbol.

Jay Hanna "Dizzy" Dean (1910–1974)

Dizzy Dean era un estupendo lanzador. Luego se lastimó el brazo tan gravemente que tuvo que dejar el béisbol. Pero eso no lo detuvo. Se convirtió en un famoso locutor deportivo.

Leroy Robert "Satchel" Paige (1906–1982)

Satchel Paige empezó a jugar béisbol en las Ligas de personas de la raza negra. Luego las Ligas Mayores finalmente permitieron que jugaran los afroamericanos. Contrataron a Paige. Fue uno de los grandes lanzadores del béisbol.

Philip Francis "The Scooter" Rizzuto (1917–2007)

Los entrenadores decían que Phil Rizzuto era demasiado bajito para jugar béisbol. Pero "The Scooter" no se dio por vencido. Era bajito, pero podía correr, atrapar y batear como un campeón.

Jack Roosevelt "Jackie" Robinson (1919–1972)

Jackie Robinson fue el primer jugador afroamericano que ingresó en las Ligas Mayores. También fue el primer jugador afroamericano que entró en el Salón de la Fama del Béisbol.

George Herman "Babe" Ruth (1895–1948)

De niño, Babe Ruth siempre se metía en problemas. Lo enviaron a estudiar lejos de su hogar y allí aprendió a jugar béisbol. Se convirtió en la primera "superestrella" del béisbol.

Monty Franklin Pierce Stratton (1912–1982)

Monty Stratton sufrió un accidente de cacería. Los doctores tuvieron que amputarle la pierna, así que debió usar una pierna de palo. Fue entrenador hasta que un equipo de Ligas Menores lo contrató como lanzador.

Theodore Samuel "Ted" Williams (1918–2002)

Ted Williams podía batear una pelota más lejos que nadie. Pero pasó mucho tiempo separado de su equipo de béisbol. Fue soldado en dos guerras distintas. Aun así, pudo establecer y romper muchos récords de bateo.